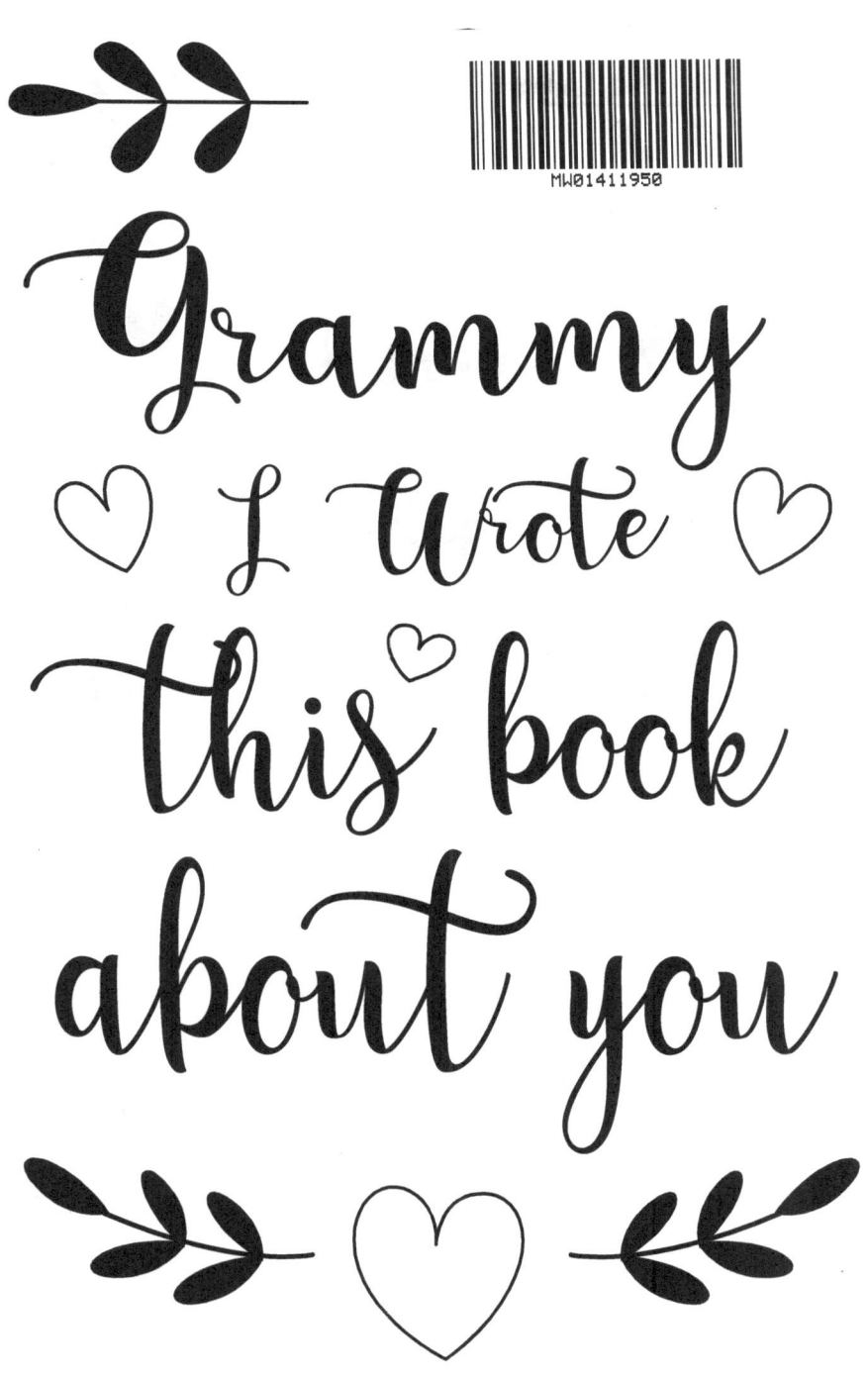

This book was written by

....

....

....

I love you Because...

....

....

....

The most important thing you taught me...

....

....

....

One thing I can do to make your life easier....

....

....

....

One thing I can do to make your life easier....

....

....

....

When I'm older you and I will....

....

....

....

I should tell you that.....

....

....

....

If you had a superpower, it would be…..

....

....

....

You believe That......

....

....

....

You always say....

....

....

....

I really appreciate it when you....

....

....

....

it's important to have a day for you because...

....

....

....

You are silly when....

....

....

....

You are happiest when....

....

....

....

You really helped me with......

....

....

....

Three things I could do to help around the house more...

....

....

....

To show appreciation for you, I will....

....

....

....

I can Thank you by...

....

....

....

I can always count on you, because....

....

....

....

you were right about...

....

....

....

I know you love me because...

....

....

....

my favorite thing about you...

you love it when my family....

....

....

....

I can celebrate you all year by...

....

....

....

you are there for me when...

....

....

....

you and I love to...

....

....

....

the most important thing you ever did...

....

....

....

you are special because...

....

....

....

I admire you because...

....

....

....

when I think of you, I think of...

....

....

....

You know how to

....

....

better than anyone.

When I need help with

....

....

I ask you.

I inherited

....

....

from you.

I'm thankful for you because...

....

....

....

You make me laugh when...

....

....

....

Something special I can do for you on this day is...

....

....

....

You and I

....

....

when we spend time together.

You are the kind of person that...

....

....

....

I show you appreciation by...

....

....

....

My favorite memory with you is...

....

....

....

When I get older I hope you and I can...

....

....

....

People that know you Say you are...

....

....

....

Something not many people know about you is...

....

....

....

This is a poem for you...

....

....

....

....

I know you love me when...

....

....

....

You are really good at...

....

....

....

I'll always remember that you...

....

....

....

The most important lesson you ever taught me...

....

....

....

The unique about you is...

....

....

....

You really believe that

....

is important, because

....

....

I love you

INOUR PRINTABLES 2020

Made in United States
Troutdale, OR
05/03/2024